UN REGARD EN ARRIÈRE DE L'ÉVEIL

Lamine Pearlheart

Copyright © 2019 Lamine Pearlheart

Tous Droits Réservés

ISBN — 978-1-9995751-2-0

D'AUTRES LIVRES EN FRANÇAIS DU MÊME AUTEUR

Air du lendemain

***

Les manuscrits de l'éveil

LAMINE PEARLHEART

Table des matières

Table des matières 5
Sur la renaissance 17
Sur la pensée 18
Sur la vie et la mort 18
Sur la bravoure 19
Toi et ton ombre 19
Le pouvoir de la haine 19
Vous avez dit « ethnographie » 20
Sur les nationalistes 20
Sur l'engouement 20
Le libre arbitre 21
Le corps 21
Si le mal 22
Un commandement corporatiste 24
Des repères 24
Sur la déclamation à haute voix 26
Sur la liberté 26
Être mauvais 27
Entre l'argent et la popularité 27
Sur la gloire posthume 28
Sur la volonté de continuer 28
Une réflexion 29
Sur les livres et la réalité 29
Sur les experts 30
Sur le mal 30
Sur l'écriture 30
Sur le fait d'être en état d'ébriété 31
Ce qui arrive parfois 31
Sur les responsabilités et les conséquences 32
Le spectacle le plus laid sur terre 32

Sur le suicide 32
Sur l'arrogance 33
Sur les intimidateurs 33
Sur la vie 33
Sur le Suicide 34
À quelqu'un que j'ai rencontré par hasard 34
Sur les bons souvenirs..................................... 35
Sur l'avancement de soi dans la vie 35
La chose qu'est la vie 36
Ce qu'il faut voir 36
Sur les normes.. 37
Sur la propriété 37
Sur la maîtrise de soi-même............................ 37
Sur le mouvement et la pensée 38
Sur le communisme.. 38
Sur la mauvaise politesse 38
Sur la renommée littéraire posthume.............. 39
Sur ce que nous injectons 39
Sur le courage.. 39
À propos de notre espèce 40
Le malheur... 40
Un message 41
Sur les choses qui valent la peine 42
Sur les banques 42
Au coucher du soleil....................................... 42
Le blocus.. 43
Sur l'apprentissage et les livres....................... 43
Sur le plan divin de salut 44
Sur ce que vous pouvez croire être vrai 44
Sur le belligérant 44
Sur le besoin d'illumination............................. 45
Toi et moi 45
Sur ce que l'on cède 45
Sur le nationalisme... 46

Sur ce que nous sommes vraiment 46
Sur l'éternité... 46
Les bonnes lectures 47
Ce que je vous demande? 47
Sur la colère 47
Le désespoir de la mort 48
Si l'on voit 48
Sur la liberté 52
Sur la célébrité et la honte 52
Sur nos actes 52
Quelques vérités... 53
La nature à distance 56
Sur le diable 57
Sur les lois et l'éthique 57
Sur la valeur des sensations 58
Sur les rêves.. 58
Sur la littérature 59
Sur l'avenir du mensonge............................. 59
La malchance 60
Des questions 60
Sur l'engouement et l'amour 61
Sur l'homme sans la femme 61
Sur les plans de la nature 62
Sur la nature 62
L'enfance en face de la fin du monde 62
Sur le hasard et les résultats 63
Sur la justice 63
Sur les vérités 63
La genèse de la vie.. 64
Sur le fait de faire confiance à votre cœur........ 64
Sur la vie 65
La vie et sa condition 65
Sur la mort.. 66
Sur ton avenir 66

Sur le pouvoir 67
Endurance 67
Un regret 68
Le miroir 70
Sur la fierté due au droit du sol et du sang 71
Une autre chose positive dans le monde 71
Ce qu'il faut réapprendre 72
Sur l'apprentissage 72
Sur le paradis et l'enfer 73
Sur la vie 73
Les nations.. 73
Les psys analysés 74
Idéaux et réalité 74
Malgré 75
Sur la confiance 77
Sur le pouvoir et le peuple 77
La flagrante faille du bon 78
Du droit de tout remettre en question 78
Sur les esprits sensibles.................................... 79
La faiblesse du mal 79
Sur le conformisme 79
Sur la science devenant une religion 80
Sur l'histoire 80
Le rêve qui ne sera jamais assouvi 81
Sur l'amour.. 81
Sur l'honnêteté... 81
Des observations 82
Sur les impressions.. 82
Sur la surprise en face de la déception 83
La graine dans l'arbre 84
Sur la religion comme source de la morale........ 87
Le sens de la vie... 88
Sur la cruauté 88
Sur les pires défauts 89

Le sage et le fou 89
L'âme dans la poésie 89
Sur la certitude 90
Sur la beauté 90
Sur le pouvoir de la nuisance 90
Sur le meurtre 91
Sur la pensée 91
À tout auteur 91
Ce n'est pas toujours noir et blanc..................... 92
Sur quelques idées fausses................................... 92
Sur la bonne volonté 93
Sur ce que vous pourriez être 93
Sur la menace comme moyen de persuasion argumentatif... 94
Sur la religion et le libre arbitre........................... 95
Sur le sens du rire 95
Sur les manifestations, les soulèvements et les rébellions 95
Sur le marché de l'immobilier 96
Sur la vanité par rapport à l'élégance 96
Sur les nouvelles 97
Sur le président étant présidentiel..................... 97
Sur l'apprentissage académique 97
Sur amélioration personnelle 98
Sur la peur de la mort... 98
Sur la valeur de la maîtrise de soi....................... 99
Le sens du devoir... 99
Sur l'état de survie 100
Sur la bêtise 100
Être sage 100
Sur l'âme et le corps 101
Sur la dichotomie de la vie et de la mort 103
Sur la volonté de ne pas se retrouver 103
Sur le dévouement 104

Sur les livres d'histoire 104
Sur l'arrogance 104
La religion, l'athéisme et la mort 105
Sur la prédominance de l'espoir 105
Sur les bords coupants de l'amour.................... 105
Sur les dieux et les êtres humains..................... 106
Sur le fait d'être prisonnier de la vie 106
Sur le besoin de rentabiliser ses idées 106
Sur la servilité... 107
La sagesse du soleil 107
Sur la raison de vivre 107
Sur la vie 108
Sur la générosité.. 109
Sur ton état dans la vie...................................... 109
Sur la gratuité de la vie et du destin 109
Sur les nations et notre place dans l'humanité. 110
Sur l'écriture.. 111
Sur le rêve et la réalité 111
Le monde, la richesse, et la pauvreté 112
Sur la charité et le patriotisme.......................... 115
Sur les guerres.. 115
Sur le sens et le but de la vie............................. 116
Sur les idées... 116
Sur le continuum de la sagesse 117
Sur le fait d'avoir des enfants............................ 118
Sur la valeur du parent pour l'enfant................ 118
Faire de son mieux pour ses enfants................. 119
Sur les émotions infligées 119
Sur la gratitude et le voyage final 120
De la liberté et de l'autonomie 120
Sur le fait de travailler sa vie jusqu'à la mort.... 121
Sur la bonté 121
Sur la colère et la manipulation 121
La vie 122

Sur le zèle 123
Sur l'arrogance 124
La dichotomie du libre arbitre............................. 124
Sur les concessions de sa personne 125
Sur le dernier voyage... 125
Sur nos objets personnels et l'au-delà 126
Sur la méchanceté de l'esprit 126
Sur l'absurdité et la raison................................... 126
Sur les âmes manipulatrices................................ 128
Sur l'être humain 128
Sur le libre arbitre.. 129
Sur l'image du potentiel 129
Sur la survie 130
L'ombre de la volonté 130
Sur l'honnêteté et le caractère des gens............. 131
Règle primordiale de la parentalité.................... 132
Sur les relations personnelles 132
Sur l'état et sa gouverne 132
Sur l'histoire et la vérité 133
La valeur du caractère 133
La loi comme force dissuasive............................ 133
Sur la colère et les personnes irritantes............ 134
Sur le fait de laisser vos enfants trouver leur chemin vers vous 134
Être intelligent 134
Entre l'amour et le mépris................................... 135
Sur les peintures et les mots 135
Aujourd'hui et demain 136
À l'heure de passer au travers de ta vie 136
Sur la prétendue supériorité des hommes aux femmes 137
Le but de la vie 137
Sur l'ordre des affaires 138
La règle d'or... 138

Des choses certaines 138
Sur la valeur de confiance dans une relation 139
Le cours d'une relation 139
Sur le bonheur 139
Sur les échecs 140
Les chevauchées 140
Sur les limitations 144
Sur la diversité de dans la société 144
Sur le ridicule 144
Sur l'intelligence 145
Aux couleurs de l'éveil 145
SUR L'AUTEUR 153

À Homo erectus, car sous le poids de l'excès il est évident qu'on ne pouvait pas garder ta posture

À Homo sapiens, car nous essayons toujours à être à la hauteur de ton nom

À Homo habilis, car il y a un espoir qu'un jour nous pourrons surmonter nos inaptitudes

Au bout de la vie, sous la pâle et ronde colline illuminée de la nuit, se trouvait une fois un jeune homme qui avait survécu à la vie.

De son âge, on ne connaissait que le sourire de son visage. De son passage, on ne se rappelait que de la légèreté de ses mains qui racontaient, comme les rivières sous l'œil effaré de l'orage, leurs mouvements de départ.

N'ayant pas de auditeurs, il s'adressa à son corps et à son âme et ne trouvant que des échos de son enfance qui lui tenait la main, le jeune homme à son être sa présence il annonça:

Sur la renaissance

Ils l'ont vu s'effacer et se sont attristés pour son départ, et avant de disparaître, il leur dit, « ne vous inquiétez pas, car je renais de moi-même. »

Je ne savais pas comment et quand il est apparu pour la première fois, mais les autres l'appelaient « Soleil ».

Sur la pensée

Laisse ton âme danser à son propre rythme comme le font les enfants qui dansent sans musique, mais avec le rythme de leur propre imagination; ils n'empruntent aucune des autres.

C'est comme cela que tu es supposé penser avant qu'on t'ait intoxiqué.

Sur la vie et la mort

« Heureusement que la vie n'est qu'une transition vers une transformation. Autrement, on se serait ennuyé de mourir. » Disait l'au-delà

Sur la bravoure

Tu es brave, tu as fait face à la mort, je te le concède, mais est-ce que tu as fait face à la vie?

Toi et ton ombre

Toute ta vie, tu étais ou au-devant ou en arrière de ton ombre, maintenant vous en faites un. – *Sur la mort*

Le pouvoir de la haine

« Vous me haïssez, je le sais. » Demanda une âme qui se savait injurieuse.
« Non, j'étais frustré avec vous; pour vous haïr, je dois vous laisser planter une part de votre personnalité en moi. Vous n'étiez qu'un obstacle, mais maintenant je vois loin de votre insignifiance. » J'ai répondu.

Vous avez dit « ethnographie »

À quoi sert l'ethnographie? Pour certaines personnes à justifier les invraisemblables conneries d'hier par les invraisemblables conneries d'aujourd'hui.

Sur les nationalistes

« Ils ont la nostalgie d'un monde qui n'a jamais existé. »

Sur l'engouement

« A-t-elle pris une part de moi et ne me l'a pas encore rendue? Où est-ce que c'est moi qui le lui ai donné sans qu'elle ne me l'eût jamais demandé? » Se demande l'amour.

Le libre arbitre

Est-il possible que le libre arbitre soit une conséquence d'une dépendance frustrée? Ce qui est d'ailleurs inévitable dans la vie et moins fréquent qu'on le pense dans les sociétés humaines.

N'a-t-on pas observé que plus la dépendance est satisfaite le moins le libre arbitre est sommé à entrer en exercices de ses fonctions régaliennes?

L'être autonome est peut-être celui qui a compris, par l'expérience répétée de ses besoins frustrés, qu'il est de son intérêt, mieux encore de sa responsabilité, de les mener lui-même à bout.

Le corps

Il y a ceux qui traitent leur corps comme un ennemi qu'ils doivent surmonter, voir maîtriser, moi je vois le mien comme un ami qui m'a toujours porté avec bienveillance, je lui suis reconnaissant, je ne suis pas son esclave, car dans l'amitié il n'y a pas d'esclavage, comme dans l'autre ordre des choses noble, je parle de l'amour, il n'y a pas de haine. Quand un jour on se sépare, je veux bien qu'il sache que c'est avec gratitude que je l'ai bien aimé.

Si le mal

Si le mal t'atteint dans ton corps, ne le laisse pas t'atteindre dans ton esprit. Sinon il sera vainqueur

S'il jette un regard dans ton esprit, montre-lui ton brave cœur d'airain

Et s'il cherche à le dominer montre-lui la certitude de ton âme et il s'enfuira comme un lâche, car il n'en a pas une en lui; il faut avoir du courage pour avoir une âme.

Et si par subterfuge il choisit l'amour pour te faire peur, dis-lui que toi tu es pour de vrai; la haine tu la laisses aux aveugles, ceux qui ne veulent pas voir

Toi, tu es fait de pierre là où les cœurs sont de foin
Toi, tu es solitude en face de la ruine du troupeau

S'il essaie de t'intimider par la peur, rappelle-toi que son outil le définit
Montre-lui son début de ver de terre
Le chemin le plus proche pour son revers

Il ne faut pas être humain pour être aussi bête
Il ne faut pas devenir bête pour se montrer humain

La tombe qui ensevelit les vivants a aussi le nom de vie, car l'excuse pour chaque crime est l'abandon

Le revers de la mort est la vie

Rappelle-toi que la première aussi son outil la définit

La vie n'est pas un étendard
Il ne lui faut pas de permission pour exister

Son état est vif

Son parfum, tout ce qui n'est pas livide

Sa gloire elle n'en a pas

Elle vibre sans témoignage
Elle sème sous l'œil affairé et aveugle
Tout comme sur l'étendue foudroyante des volcans

Elle est aussi discrète que les rayons du soleil
Aussi vrai et brave que le cœur battant d'un honnête

Trouve son regard et tu trouveras ton âme qui te surprend

Un commandement corporatiste

« Tu auras la liberté, mais pas de volonté. »

Des repères

Parfois, un mot blessant gronde plus que le tonnerre

Une tulipe délicate qui fleurit en un temps de froid offre de l'espoir même aux cœurs les plus frêles

Une chandelle brillant dans les ténèbres donne plus de lumière que mille soleils

Un sourire à temps, pour un cœur accablé donne plus de richesse que tous les dons éphémères des riches mendiants qui nous taxe à voix de revers

Une pauvre maison de bois enferme plus d'amour que tout ce que l'on croit exister dans les cœurs en désarroi

Sur des champs arides naissent des plantes que l'on croirait de pierres, si l'on ne voyait leurs larmes de rosées

En un jour où l'on décide de couper l'inconvénient pour donner plus d'airs aux farces des états, le silence des étoiles parle plus haut que tous les cris des foules en émois

La couleur de l'aube à horizon raconte le monde mieux que tous les livres d'histoire et dit plus de vérités que toutes les langues déliées des pensées sous le poids du carcan

Le coucher du soleil peint les paysages avec la couleur du silence et l'ardeur de la patience

En face de l'impertinence de la démence, les vagues en douceurs sur la peau de l'amour souverain rappelle le bonheur d'antan et qu'un jour reviendra

Sur la déclamation à haute voix

Une personne qui crie ses frustrations personnelles à haute voix, veut-elle ou s'attend-elle à ce que le monde les portes à sa place?

Est-ce qu'elle ne se rend pas compte que le monde la porte jusqu'à présent?

Sur la liberté

L'être humain ne peut être libre tout le temps, mais être autonome est une possibilité continue.

Être mauvais

« Suis-je une mauvaise personne ? » Demanda l'accusé au juge.
« Non, vous êtes une personne qui a commis de mauvaises choses. » Le juge répondit, « nous n'avons pas de choix, mais nous devons nous prémunir de vous ; vous êtes un passif judiciaire qui doit être neutralisé. »
« Je vois, comment comptez-vous y remédier ? »
« Comme la loi l'exige. Dans votre cas avec la peine maximale. Heureusement pour vous, nous avons aussi besoin de quelqu'un pour faire peur au peuple, c'est pourquoi à un certain moment on va vous laisser aller. »

Entre l'argent et la popularité

Sur le choix entre l'argent et la popularité, je choisirais l'argent ; pourquoi continuer à bosser si l'on n'a le choix de ne pas le faire ? Je ne veux pas être la personne la plus fameuse de la prison.

Sur la gloire posthume

La célébrité posthume est comme des couronnes ou des bouquets de fleurs offertes à une belle maintenant qu'elle est un squelette. Ils sont là pour donner crédit aux fleurs ou au donateur de fleurs plutôt qu'à la belle morte.

Sur la volonté de continuer

Ceux qui ont de bons souvenirs doivent s'étendre vers le passé pour trouver de la gratitude pour la vie comme étant une réflexion de leur volonté de continuer de vivre.

Ceux sans passé concret doivent s'étendre vers le futur. Ceux sans les deux doivent disséquer le présent et trouver une étincelle de béatitude en eux-mêmes, et s'ils ont du courage, dans la beauté de la joie des autres.

Ils doivent se rappeler que la lune aussi, sortant des profondeurs de l'abîme, reflète une face brillante en regardant la terre.

Une réflexion

Je ne suis pas assez bête pour me croire sage, je ne suis pas assez fou pour me prendre pour un saint. Je ne suis pas assez lâche pour faire semblant d'être brave, ni moins brave pour me laisser vaincre par la lâcheté. Je suis assez honnête pour voir qu'au moins dans l'amour je désire plus que les autres.

Sur les livres et la réalité

Ayant le peu d'expérience que j'ai de la vie, j'ai quand même réalisé à quel point les écrivains savent peu sur la vie; ils ont la tendance de projeter leur imagination dans le temps et l'espace et elle tombe infailliblement en deçà du monde réel. Rien ne se passe comme prévu; c'est soit mieux soit moins, mais jamais de la même façon.

Sur les experts

Il y a ceux pour qui le fait de montrer son ennui et de critiquer continuellement est la marque d'un grand esprit, alors que c'est plutôt un symptôme d'un manque de confiance en soi et d'une cécité volontaire.

Sur le mal

Le mal est une chose que vous faites et pas quelque chose que vous êtes. Vous êtes aussi chanceux si vous pouvez vous racheter.

Sur l'écriture

Au fond du cœur de chaque auteur, comme est le cas dans celui de chaque criminel, existe une présomption qu'il ne sera pas pris en flagrant délit et que ses erreurs incriminantes ne seront pas vues ou révélées aux regards indiscrets des esprits inquisiteurs.

C'est pourquoi on commence à écrire dans la délinquance et l'on continue dans la maturité malgré les défauts évidents.

Sur le fait d'être en état d'ébriété

Je n'ai pas besoin d'alcool pour voir le monde dans ses profondeurs, je porte le soleil en moi.

Ce qui arrive parfois

Ils ont pensé qu'ils l'avaient éjecté, et voilà, à leur grande frustration, ils l'ont vu monter en propulsion.

Sur les responsabilités et les conséquences

Le caniche sait bien qu'il ne faut pas jouer avec le lion. S'il le fait, alors, tant pis pour le caniche.

Le spectacle le plus laid sur terre

La folie et la misère sont de laids spectacles, mais il y en a un de plus moche et c'est l'auto-illusion; c'est le véritable ennemi.

Sur le suicide

La raison pour laquelle les gens se suicident est peut-être la même raison pour laquelle ils sont nés; l'arrogance. Demandez-vous pourquoi?

Sur l'arrogance

Beaucoup d'âmes égarées prennent la vaniteuse affirmation de soi pour de la confiance en soi et lui donne de la valeur, tandis ceux qui l'exercent, inconscients de leur apparente ridiculité, font la tête haute et marchent fières comme des rois couronnés d'épines.

Sur les intimidateurs

Je n'aime pas les intimidateurs. L'intimidateur est une personne faible qui veut se prouver en étant agressive et qui finit par être battue; c'est à contrecœur que j'approuve ou donne la raclée.

Sur la vie

Si la vie était une femme, et si elle voulait de moi, je l'aurais épousée, mais j'ai eu encore une aussi bonne affaire; la vie m'a enfanté et m'a traité comme une bonne mère son enfant; je suis toujours en émerveillement dorloté.

Heureux celui qui vie

Heureux celui qui le sait

Sur le Suicide

L'entité que nous sommes ne peut pas se rejeter totalement, et quand elle le fait, on a le fait du suicide.

À quelqu'un que j'ai rencontré par hasard

« Vous ressemblez à une personne qui m'est chère et qui me manque, merci d'exister. »

Sur les bons souvenirs

Je voudrais être assez intelligent pour me souvenir de ces moments qui valent plus que de l'or.

Sur l'avancement de soi dans la vie

Sans propulsion, il n'y a pas de projection et elle est rarement externe à l'objet qu'elle soulève.

Les pressions apparaissent et disparaissent.

Pour réussir, vous devez appliquer le même désir de vie qui vous empêche de disparaître pour toujours à vos buts et lorsque vous vous y attendez le moins, la vie vous donnera un coup de main.

La chose qu'est la vie

Ceux qui ont suivi le même chemin sont assurés de ne pas se perdre. Vous avez déjà parcouru cette route, trouvez donc votre chemin; trouvez l'envie et vous trouverez le chemin. Si vous la perdez, vous vous retrouverez certainement dans le royaume des regrets.

Ce qu'il faut voir

Dans la transparence du jour, il sentit quelque chose le regarder attentivement, il leva plusieurs fois les yeux et ne vit rien. Des années plus tard, ne se souvenant pas du fait, il sentit à nouveau le regard attentif, cette fois les sensations étaient vives, mais la source était toujours invisible. Il leva les yeux et le vit; un œil rayonnant sur lui et son monde.

Sur les normes

La force de la jeunesse proclame, « j'affirme. »
La vie lui répond doucement, « j'attends. »

La nature produit une beauté incroyable
L'arrogance la réduit à un état effroyable

Sur la propriété

Le sage possède, mais n'est jamais possédé par ce qu'il possède.

Sur la maîtrise de soi-même

Pleurer en public, c'est comme saigner en public, les deux faits sont à la fois tristes et désordonnés.

Sur le mouvement et la pensée

« J'espère que vous avez acquis une nouvelle perspective, maintenant que vous vous êtes déplacée dans les deux sens. »
« Je n'ai pas besoin de bouger pour avoir des perspectives, même si cela peut aider, il faut juste que je mette à feu les bonnes particules dans mon cerveau pour pouvoir le faire. »

Sur le communisme

Aussi belliqueux qu'un capital.

Sur la mauvaise politesse

Je vous donne droit, le siège appartient à la dame en besoin; je ne l'ai pas vu venir, je lui aurais volontiers offert le siège. Je vous impute pourtant votre grossièreté, car je vous crois de ces êtres qui croient avoir le droit de rudoyer les autres par politesse.

Sur la renommée littéraire posthume

Les vivants s'intéressent aux livres. Les mourants et les morts; pas tellement.

Sur ce que nous injectons

Tout ce qui résonne en nous, par force ou par complaisance, doit résonner. D'une manière ou d'une autre, une déviation est faite.

Sur le courage

L'ignorance aussi donne du courage.

À propos de notre espèce

Si vous nourrissez les loups et les humains pour éviter que les enfants ne soient ravagés, allez-y, mais n'attendez, aucune reconnaissance de la part des hordes animés, mais parmi les loups, peut-être, vous en trouverez.

Le malheur

Si le malheur ne l'a pas voulu, c'est que le malheur l'a toujours voulu et que le sujet ne l'a pas vu comme tel. Et si le sujet ne l'a pas vu comme tel, c'est que le sujet sait que dans cette vie il y a toujours pire. De là, sauf dans de rares cas, le malheur n'a pas, au niveau de l'âme, pour une telle personne d'impression durable.

Un message

« Comment l'enfant pourrait-il connaître les limites de sa force et de sa personnalité sans tester les sources de la pesanteur?

Comment l'aigle apprendrait-il à monter en flèche s'il est maintenu dans les toiles violentes d'une cage?

Comment la douleur disparaîtrait-elle si elle n'était pas suivie par les persistantes vagues de secours?

Le feu qui a allumé la nuit n'est certes qu'une combustion qui a brûlé. »

« Un moment, s'il vous plaît » dit la vie en donnant impulsion à l'univers.

Sur les choses qui valent la peine

Ce qui compte quand vous êtes mourant est ce qui compte le plus si vous survivait.

Sur les banques

Une banque n'est que l'honnêteté avec un premium.

Au coucher du soleil

Au coucher du soleil, on voit un mélange des regrets de l'humanité et quelques vœux exaucés, delà l'explosion de contraste de couleurs.

Le blocus

Nous portons en nous-mêmes les échos de toutes les bonnes et mauvaises idées nous étant imparties; chacune d'entre elles rebondissant les unes contre les autres et inévitablement contre nous. L'important est de les reconnaître pour ce qu'elles sont et de jeter celles qui sont stupides dans l'abîme de l'insignifiance où elles appartiennent; nous sommes tous capables d'agir d'une manière stupide, mais la question est : sommes-nous disposés à continuer à le faire?

Sur l'apprentissage et les livres

Un livre de leçons est aussi bon que la volonté de la personne qui veut s'en instruire.

Sur le plan divin de salut

Le fait que les choses ne finissent jamais bien pour le reste des créatures de ce monde ne semble pas déranger le moins du monde ceux qui pensent qu'il existe un plan divin de salut.

Sur ce que vous pouvez croire être vrai

Des milliers d'années de mensonges structurels.

Sur le belligérant

Vous êtes comme un animal dans une cage; gonflé à bloc par la colère avec nulle part où aller. Vous vous donnez en spectacle. Pour ma part, je suis libre, les animaux en cage sont une rareté pour moi. Vous êtes un phénomène intéressant, un peu comme un insecte.

Sur le besoin d'illumination

Nous dormons littéralement la moitié de notre vie.

Toi et moi

L'horizon est mon envergure

Les étoiles sont le reflet de mes yeux regardant dans les tiennes

Sur ce que l'on cède

Lorsque vous cédez à un prétendu livre divin, vous lui cédez votre cerveau et vous vous soumettez à la manière dont il est interprété par quiconque. Vous devenez un otage volontaire de ses inclinations et de ses schémas réarrangés. En bref, vous perdez le contrôle.

Sur le nationalisme

Aussi rigide et enrégimenté qu'une religion.

Sur ce que nous sommes vraiment

Nous sommes nombreux à avoir deux visages, après tout, nous gardons tout ce qui est désagréable en nous loin de ceux que nous aimons. Beaucoup d'entre nous sont pareils à la lune dont la face est cachée et quand cette dernière nous est révélée nous notons qu'elle est peu différente de ce que nous l'avions imaginée être; ils ont gardé caché ce que nous savions être le cas depuis longtemps.

Sur l'éternité

La futilité est l'aspiration du néon.

L'éternité, le chemin sûr et direct de chaque décès, car dans l'état de non-existence tout est éternel.

Les bonnes lectures

Une redevance d'inspiration est ce qu'on doit aux bons penseurs.

Ce que je vous demande?

« On ne peut pas tous être forts! »
« Je ne vous demande pas d'être fort, je vous demande de ne pas être faible. »

Sur la colère

Celui qui est capable de vous mettre en colère est aussi capable de vous contrôler.

Le désespoir de la mort

« La mort accouche un enfant de plus, quelle heureuse chance! »
« Ah! Non, vous avez tort, les enfants viennent de leurs parents, c'est à dire de la vie. »
« Et d'où viennent leurs parents si ce n'est d'un état de non-existence? »

Si l'on voit

Écureuil, tu risques ta vie sous les pneus de la machine pour des noix qui pourtant tombent du ciel

Petit peuple, en haïssant les uns et les autres tu te fais prisonnier de tes larmes, pourtant ils ne t'appartiennent pas

Travailleur, tu bosses comme s'il y a toujours un demain, on t'accuse de tout, mais pas d'abondance, pourtant ce n'est pas gagné comme tu vois

Marchand, tu comptes tes gains, tes richesses tu les étales comme le ciel étale les étoiles, pourtant tu ne vois point ton enfant te sourire à force de compter le temps que tu convertis en argent solitaire

Poète, tu chantes sans musique, la muse t'accompagne au rythme de tes songes en éveil, pourtant tu n'as pas le courage de vivre dans ton désert qui accouche une mer, des fleurs, des amours, des extases

Soldat, tu fais les guerres, tu portes le glaive, tu voles sur du fer et tu ne vois pas le soleil qui se lève et les hirondelles en liberté

Tes ennemies sont aussi des frères au combat déshérités

De leurs nouvelles je te fais savoir; des parents, des enfants, des amis comme toi des amours en tourmente

Renard, tu te crois malin, tu te caches de derrière le soldat,

La forêt te couve comme la foule les grimaces et les prétentieux leur ignorance

Tu ne connais pas ton histoire
Le hasard veut que tu la retrouves, mais sans mémoire comme le sable, le désert

Tu ris au bruit de la crosse
Ton royaume est le rouge des étables

Les chutes des falaises et la turpitude de tout ce qui est honnêtement indéfendable

En ton nom je ne me reconnais pas

Le roi des rois, je crois avoir rencontré tes traces sur le sable

Vous êtes invisible comme le silence, pourtant aux prises du palpable on voit vos pas
Les ténèbres et le soleil vous sont incurables

Ton œil me regarde pourtant, tu en as plus que deux

Tu m'es incompréhensible, tant de potentiel et pourtant...

Cœur de foin qui est le mien, je te croyais honnête, brave et de surcroît
Maintenant, je te suis indifférent

Tes palpitations; une charge électrique que tu lances en l'air

Le havre de tes frissons me rappelle la couche de peinture que laissent les peintres derrière leur chef-d'œuvre en tresse
Un essai, une tentative, mais pas une pièce maîtresse

Je suis juge, tu es tourment
Je m'en vais et vous laisse
Le hasard le veut et le moi le secondant

La fatalité de la démence est un risque de longitude
Le vent porte les bruits de nos muettes solitudes

La clé de notre existence on la réduit à des pourquoi
Vivre nous semble étroit
Alors on l'ennuie en guettant la mort qui n'est point un choix

Heureux qui comprend avant qu'il soit

Sur la liberté

Le fait d'être conscient de son état d'esclavage ne libère pas l'esclave, même si c'est un bon départ.

C'est le fait de trouver un moyen d'être libre qui libère.

Sur la célébrité et la honte

Le prix de la célébrité est la honte et le prix de la honte est la célébrité. Les deux ne sont pas nécessairement mérités.

Sur nos actes

« *L'homme sage examine les raisons de tous ses actes, mais pas les résultats.* » Disait Sénèque.

Sans hésitation et prétention, j'ajoute la mise à jour suivante :

« Une personne avisée examine avant tout les raisons de tous ses actes, mais une personne plus sage ferait aussi attention aux résultats de ses actions afin de corriger leurs conséquences. »

Quelques vérités

Fourbes sont mes principes si je ne veux sauver un enfant

Malheur, nos enfants partagent nos défauts, mais heureusement qu'ils ne risquent point de les hériter

Malgré les prétentieuses tentatives des nuages, ne cessent le soleil de briller

Et si la nuit brille, elle ne le fait qu'avec l'aide des étoiles

Et si les rivières descendent les hauteurs, comme montent les chèvres les monts, les sommets sont interdits même aux mers impétueuses

Pourtant les doux moineaux en l'air trouvent la pesanteur facile à escalader et font de leurs cimes de joyeux terrains de courses

Et si l'argent se convertit en biens fédérés, la bonté reste un plus précieux souvenir lorsque la vérité nous coince aux carrefours isolés

Malgré que le temps nous guette et qu'on finit par le perdre dans sa course éperdue

Et si le soleil nous quitte, on sait que pour ceux qu'on aime il va demain briller

Ce n'est que notre étoile qui a trouvé un parcours

Elle nous laisse après nous avoir laissé autant qu'elle briller

Et si demain notre ombre ne palpite pas
En repos de solitude, on le laisse à son tour pour l'éternité nous deviner

Si notre âme nous rit au nez, elle qui se voit comme l'étendue de l'espace et nous qu'un parcours de plus
On a le débit de sa personnalité en délire comme mémoire de trop
Son regard nous fait voir au fond du corps sa faiblesse de voyageur en manque de racines comme voit l'arbre ancré le sable par le vent éparpillé

Nos larmes partagées sont réduites en vapeur vitreuse sous le soleil lui-même asséché

Aux soupirs des morts qui crèvent dans l'infini, je ne vois que des particules noyées dans le doute et dans la finalité de l'indécision

Un arbre en floraison avec des feuilles aussi blanches que la sévérité
Un fardeau aussi lourd que l'impuissance
Une légèreté de cœur des esprits
Accroché au havre de notre turpitude, on contemple la vérité de notre reflet

Au miroir du temps, la fatigue guette les jets de notre manque d'attention

La vérité ne trouve que ceux qui veulent la saisir en vols comme le sont les ondes au chevet d'un soleil à l'horizon,
Un soir de paix en manque d'aberration

Belle comme une vie qui est riche en gratitude à la fin de notre horizon

Et si les anges descendent sur terre, il faut les reconnaître dans les sourires des enfants
Au regard presque adulte qui vous observe comme l'œil des dieux en solitudes sur la terre

Au bruit des dauphins qui chantent la mer

Aux couleurs des étoiles filantes qui rejoignent le temps dans sa course avec l'éternité

Je vole comme vole l'oiseau au vent de l'espoir

La nature à distance

J'aime la nature et la respecte, mais je ne mettrai pas un bâton là ou l'ours dort.

Sur le diable

Le premier tour que le diable joua sur l'humanité consistait à créer des religions et le second à contraindre/convaincre les honnêtes gens de se soumettre à eux, mais son acte ultime et magistral consistait à les convaincre de son existence.

Sur les lois et l'éthique

Je soupçonne que beaucoup de gens ne commettent pas de crimes, non pas parce que la religion leur a interdit de le faire ni à cause de leurs velléités de justice, mais parce qu'ils ont un intérêt inné à préserver leurs biens. Ainsi, ils sont condamnés à adopter des lois et à prendre des mesures, souvent aux dépens de ceux qui sont plus faibles qu'eux, pour les préserver; ceci étant leur condition dans le temps et dans l'espace, vous constaterez que chaque groupe depuis l'aube de l'histoire a fait de même.

La nécessité étant établie en tant que source, il convient de se concentrer sur le bien-fondé de ces lois et de déterminer si leurs peines sont proportionnelles aux infractions commises.

Sur la valeur des sensations

Les larmes sont un bien précieux; ne les gaspille pas dans l'insignifiance.

Sur les rêves

Les thèmes de la dimension du rêve ne sont parfois qu'une interprétation du changement de la température ambiante du corps, due à des changements externes de la température de l'environnement, par la conscience dans son état d'effacement qu'on appelle le sommeil. Parfois, quand il fait froid, nous rêvons de la pluie et si l'on a chaud ou l'on est fiévreux on a des cauchemars. Par contre si l'on est à l'aise on rêve d'un état de douceur.

Il arrive aussi parfois, dans l'état réel de la vie et sa dimension on s'adonne à cet état de rêve volontairement et plus lucidement; on le nomme espoir.

Aussi, quand il est temps de se ressusciter, la conscience nous jette une absurdité et l'on se réveille.

Sur la littérature

La littérature, en somme, tente de nous donner les expériences de la vie sans ses séquelles et ses conséquences exorbitantes et qui sont parfois payées par l'auteur lui-même.

La littérature, quand c'est réussi, est un laboratoire de la vie réelle.

Sur l'avenir du mensonge

On use souvent de l'imaginaire, de façon naturelle, au service du mensonge, mais rarement au service du bien. Si c'était l'inverse, le bien se porterait bien mieux.

« Et si c'est pour sauver la vie de quelqu'un que tu es obligé de mentir? » On nous interroge.

« Et si c'est pour le salut de la personne que je mens moi aussi? » Surenchère le diable.

Là, les yeux de mes lecteurs renaissants, je continue, « Il me semble que le mensonge a un fond d'ignorance; il est plus souvent utilisé et crû par un manque d'exercice de l'imaginaire que par une mauvaise foi. »

La malchance

La malchance a toujours besoin d'adeptes et elle les trouve parmi les pessimistes.

Des questions

Qu'advient-il de notre monde quand nous sommes endormis?

Qu'advient-il de notre altruisme lorsque nous sommes en deuil?

Où est notre charité lorsque, sous le poids de la colère, nous nous séparons de sa bienveillance?

Où est notre bonne volonté quand nous oublions de respirer par excès de courage ou de peur?

Sur l'engouement et l'amour

L'engouement est l'étincelle de l'amour, elle est nécessaire, assurez-vous qu'elle ne brûle pas de maisons.

Sur l'homme sans la femme

Les hommes, à première vue, sont comme les abeilles pollinisatrices productives et colorées, mais sans les fleurs, les femmes, ce ne sont que des bruits insensés et ennuyeux au service d'une reine capricieuse; leur ego toujours gonflé.

Sur les plans de la nature

Il n'y a pas de plans dans la nature; tout est une profusion de la vie. Ce que nous appelons des règles ne sont que des observations inévitables, elles existent puisque le monde existe, et relèvent du domaine de l'humanité en voie de dépasser sa nature.

Sur la nature

Elle n'est pas parfaite, il ne faut pas lui en vouloir, car elle est prolifique; elle produit en profusion.

L'enfance en face de la fin du monde

« C'est la fin du monde. » Disaient les adultes après qu'un temps d'enfer avait ravagé la belle plaine. L'enfant que j'étais se disait, « Ce n'est pas bien pensé cette histoire, je ne suis qu'un enfant, moi; qu'est-ce que j'ai fait pour mériter ça? Je viens presque de naître dans ce monde et l'on me dit que Dieu veut lui mettre un terme. »

Sur le hasard et les résultats

La bonne chance favorise étrangement ceux qui sont persévérants dans leur recherche afin de trouver des réponses.

Sur la justice

Le concept de la justice n'est pas dans la nature, je ne le dis pas pour être méchant ni pour lui faire des reproches, mais pour marquer un fait.

Sur les vérités

Les vérités du passé sont faciles à admettre, mais celles du présent sont encore plus dures à admettre, sinon jamais admises; on constate la mort, on vit, on meurt, et l'on passe à autre chose. La fin est évidente et pourtant on résiste.

La genèse de la vie

La vie a osé le silence du monde et pour la punir la mort est née.

Sur le fait de faire confiance à votre cœur

« Fais confiance à ton cœur. » Certains disent.
Je demande : « dépensons-nous des fortunes pour envoyer nos enfants dans des institutions éducatives coûteuses pour qu'ils écoutent leur cœur? N'est-ce pas pour qu'ils puissent apprendre à mieux raisonner? » Si ce n'est pas le cas, nous devrions les laisser chez eux et nous dispenser des ressources ailleurs.

Ne faites confiance qu'à la raison et à votre intuition, si, au test, elle s'avère raisonnable.

Sur la vie

On le sait le rêve absurde, il faut seulement trouver l'élément causant son absurdité.

La vie et sa condition

Par condition, je veux dire l'état d'une chose.

Pour se perpétuer ou pas, la vie a besoin de conditions, il ne faut pas les confondre avec des règles, car celles-ci ne sont qu'une invention de l'être humain et n'existent pas dans la nature, ces conditions sont pour cela amorales; la nature ne porte pas de jugement.

Cela explique les contradictions de la nature, car elle est conditionnelle et non raisonnable

Plus, l'être humain est civilisé, plus, il voit le monde d'une manière morale, il ne l'est pas nécessairement, et plus, l'être humain est dans la nature, plus il accepte et porte en lui même les germes inattendus de la vie naturelle. La cruauté étant à l'état de nature il la porte en lui, mais il est toujours porté à être contre elle vu sa condition de civilité.

Toute existence ou non-existence a une condition et si l'on connaît la condition on ignore par ailleurs la raison, s'il y en a une, mais on peut observer toujours sa condition qui est la même; existence ou non-existence.

La raison ou les raisons sont de nature argumentative et circulaire.

Sur la mort

La mort est la dissémination de ce que nous sommes en ce que nous deviendrons.

Sur ton avenir

Ne laisse pas le mauvais tour qu'on te joue devenir un mauvais sort. Convertis les mauvaises passes en réussites.

Sur le pouvoir

Il y a des moments où l'on te donne le pouvoir, tu l'acceptes, pourtant c'est pour te laisser te pendre toi-même.

Endurance

Je suis le rocher que la mer dans sa fureur tente de détruite et en son désespoir le voit sortir polie

Je suis le fondement de tout ce qui est solide et pourtant incroyablement léger; je suis une étincelle qui devient lumière

Je suis fluidité aujourd'hui, durcie demain, non, je ne suis pas un volcan, je suis une pensée qui devient une réalité

Un regret

Le temps qui court je l'aurais repris
Le havre qui s'éloigne je l'aurais retenu
Le mal de mer je l'aurais guéri

La sonde qui cherche une profondeur je lui aurais indiqué les sommets de mes intentions

Des souvenirs à soutenir les rochers impassibles de l'avenir

Des bouffées de promesses à embellir les rameaux de lumières et de ténèbres de l'horizon

L'entêtement désespéré du bison en face de l'océan qui bouge pour ne pas bouger

La vie, un miracle malgré tout
La raison, une pure saison

Nager dans l'air en survolant les nuages, se baigner dans l'éther
Follement, trouvez son bonheur comme on trouve son chemin dans la nuit océane

Sentir les rochers et en s'élevant sur la pointe des pieds percer son étoile

Écouter le vent qui partage ton éveil et porte le parfum donnant vie de ton haleine
Malgré la braise qui flambe l'eau en profondeur pour jaillir en feu et terre
Malgré le poids du cœur qui comme une ancre foule les surfaces et rencontre sa pesanteur dans le fond des mers

Éperdu est le dauphin en poursuite des regards des étoiles

Vole l'éveil au secours du sommeil
L'abeille se meut sur l'étendue des pétales

La terre qui se courbe à l'heure de l'horizon

L'horizon aux leurres des étoiles se retranche sous le poids du souvenir de l'éphémère

 La course que le temps perd et que l'espace du vide gagne

Une maxime que le vent chante et la vie balaye

Que l'on apprend une fois qu'on a devancé son corps et son âme, un regard en arrière et on les voit qui marchent en solitude

On fonce malgré tout vers son non-avenir,

Le souvenir et la nuit,

La mer, la braise, et le bruit du vent qui rime,

Une vie qui sème,

L'arrêt qui crie, « gare aux souvenirs! »

La pluie qui raconte ce qui est au fond de l'âme à surprendre

La terre qui tremble je l'aurais amadoué
Le port qui se rapproche, je l'aurais averti
La mer qui s'en va, je l'aurais cherchée

Le miroir

Il y a beaucoup de mauvais sorts, l'un des pires doit surement être le fait d'être réincarné comme un miroir; vivre une vie sans avoir une personnalité, dénuée de tout caractère, est une pensée qui devrait faire frémir les esprits les plus éthérés.

Sur la fierté due au droit du sol et du sang

« Devrait-on être figé à un coin, à un endroit, à un pays, à une planète, à un système solaire, à une galaxie simplement parce que nous sommes nés là par hasard? Continuerions-nous bêtement à être fiers de ce qui n'est qu'une coïncidence naturelle? Devrions-nous nous permettre de continuer à être définis par elle? »

Je réponds « Non. Non et non. »

Ainsi, je me dissocie de cette question.

Une autre chose positive dans le monde

Dans quelques heures, il y aura un lever de soleil, nous ne serons peut-être pas là pour le voir, mais ce phénomène solaire est une bonne chose en soi.

Ce qu'il faut réapprendre

Il n'y a pas plus con que celui qui croit savoir

Il n'y a pas plus hautain que ceux qui se croient humbles

Ainsi, subtilement je fais ma confession.

Sur l'apprentissage

Les leçons les plus difficiles sont celles que de nous-mêmes nous n'apprenons pas.

Éternelles sont celles que nous ne pouvons pas oublier.

Sur le paradis et l'enfer

Le paradis et l'enfer sont un miroir et cela dépend de qui regarde. C'est pourquoi peu d'entre nous osent ou survivent au voyage de s'y regarder et l'on finit toujours par voir quelqu'un d'autre.

Sur la vie

La vie; cette chose fragile dans l'éternité stérile et qui dure depuis des milliards d'années.

Les nations

Nations? La fierté de faire partie de la foule! C'est en effet une gifle sur le visage d'un précieux intellect.

Les psys analysés

Il faut être une personne particulière pour devenir un psy; analyser tout le monde, sauf soi-même. N'es-tu pas en train de t'éloigner de tes propres problèmes en étreignant ceux des autres? Le vide de la multitude t'offre-t-il une voûte ouverte afin que tu n'aies pas à soulever ton propre couvercle? Je me demande ce qui se cache en dessous attendant que les patients partent pour pouvoir sortir jouer.

Idéaux et réalité

Dans un combat entre nos idéaux et la réalité, le module de la réalité a tendance à gagner, mais nos idéaux, une fois renforcés et n'étant plus en mesure d'être surpris, ont tendance à botter le cul à la réalité.

Malgré

S'il n'y a plus d'Amérique, il y a toujours le Canada
Un amour tellement en croissance que c'est en détresse

Et si le temps nous rit au nez, l'éternité nous épargne comme le font les vagues d'Océanie

Notre mort est un repos en permanence

Et si les vagues nous laissent l'hiver en froideur, notre printemps a les couleurs des robes des déesses
Notre été à la douceur des amants en retrouvailles

L'immensité de notre horizon nous remplit nos regards d'amour comme le font les mères à leurs enfants en les dorlotant

Malgré que le monde se désespère, le soleil continue toujours de nous réchauffer le cœur
Les hommes et les femmes ne cessent de s'aimer

Les enfants osent toujours naître

Et si les rives des rivières en courbature dessinent notre méfiance
Notre main tendue vers l'adversité nous rappelle qu'en ignorance on est tous des frères
En ce bas monde personne n'est né cancre, il faut le vouloir pour l'être
Pourtant les êtres humains se font les guerres

Et si le bruit des villes nous chante une chanson stridente
Les oiseaux en survol nous indiquent les repères des voies dans le ciel à suivre
Le cœur palpite en reconnaissance de l'imaginaire, de tout ce qui est exceptionnel comme l'or est au cuivre
Les mers aux ruisseaux par l'être humain dessiné

Malgré que les larmes nous couvrent les yeux à ne plus voir le sourire naissant de l'enfant, tellement notre deuil en délire

La marche sur quatre pas d'un être qui trouve ses pieds après avoir trouvé ses mains, debout il est, avec une splendeur il offre au monde blême son rire

L'hiver qui se dégèle en trouvant un soleil en miniature
En course près des rives des océans sont les chevaux sans montures
Libre celui qui le veut,
Mort celui qui se laisse faire
Mourir c'est comme se défaire
Revenir en devenant
La sagesse de la nature c'est une splendeur qui offre son sourire

Sur la confiance

« Je te fais confiance, mais je ne fais pas confiance à ton jugement » — *Sur le fait de ne pas être aveugle aux erreurs des gens qu'on aime*

Sur le pouvoir et le peuple

On nous dit souvent que les gens sont manipulés et intoxiqués par la propagande et c'est pour cette raison qu'ils ne peuvent pas distinguer la vérité des mensonges qui

prédominent dans notre système politique actuel. « Nous devons nous débarrasser des éléments corrompus et rendre le pouvoir à la population. » Nous disent-ils.
« Est-ce à la population qui a été si facilement dupée que nous devrons confier notre sécurité future? » Je me demande.

Soit la première proposition est fausse, soit la solution n'a aucun sens. Est-il possible que ce soit les deux?

La flagrante faille du bon

Les croisés négligent toujours ceux qui comptent le plus; leurs proches.

Du droit de tout remettre en question

Comment peut-on avoir un esprit critique si l'on n'ose pas tout remettre en question?

Je me remets en question; qu'est-ce qui vous rend vous et vos vérités plus sacrosaintes?

Sur les esprits sensibles

Les tombes portant des couronnes de fleurs ne sont que des indications de blessures récentes ou fraîches.

La faiblesse du mal

Le mal, comme le feu a besoin de se brûler soi-même pour pouvoir brûler toute autre chose, il doit porter le préjudice dans son noyau avant de pouvoir le transmettre au reste du monde; là est sa faiblesse.

Sur le conformisme

Un esprit conformiste et statique n'est pas un esprit créatif. Par contre, un esprit rayonnant vaut la peine d'être examiné, car c'est de là que jaillissent les grandes idées.

Sur la science devenant une religion

Je trouve très troublant que l'esprit brillant qui a proposé la théorie sur l'origine et l'évolution de l'univers n'ait fait que refléter une conviction de longue date postulant que l'ordre découle du chaos. Je trouve également, très commode que tout ce qu'a été théorisé après cela ne fait que suivre les mêmes motifs géométriques. – *Sur la théorie du Big Bang*

Sur l'histoire

Lisez l'histoire du peuple, prenez n'importe quel pays, et vous constaterez inéluctablement la dégoûtante bave des politiciens sur sa surface.

Le rêve qui ne sera jamais assouvi

Être l'autre est rester soi-même.

Sur l'amour

Si vous écoutez attentivement, vous entendrez jouer une symphonie de lumières, celle de vous et de votre partenaire. Cela s'appelle aussi l'amour.

Sur l'honnêteté

Rien de tel qu'un but réaffirmé pour nous garder honnêtes; les prémisses sont meilleures quand elles vont bien avec la conclusion.

Des observations

Roi, n'est pas celui qui n'est pas roi de son temps
Riche, n'est pas celui qui vit du temps emprunté
Pauvre est celui qui de sa personne est dogmatique

Sur les impressions

Nous nous connaissons nous même à peine, encore moins les autres; ce que nous appelons connaissance, de nous-mêmes ou des autres, n'est le plus souvent que des impressions que nous avons les unes des autres. Ces impressions sont dictées par l'environnement ou la plupart d'entre nous passent leur temps. Ceux qui passent le plus de temps au travail vivent leur impression dictée par cet environnement particulier. Il y a ceux qui jugeant leurs collègues sur cette impression se sentent mieux dans leur peau et dans la croyance qu'ils se sont faite d'eux pour mieux justifier les agissements qu'ils ont adoptés par rapport à eux.

Au fond de nous, nous savons tous qu'au fur et à mesure que les rôles changent, les impressions changent, mais nous nous accrochons obstinément à une seule impression et la considérons comme plus vraie que les autres.

Pourtant, peu sont fidèles à la même et constante impression que nous avons d'eux et quand ils le sont, la société a tendance à leur en vouloir.

Sur la surprise en face de la déception

Personne ne peut entrer dans votre cœur si vous ne le laissez pas entrer. Vous ne devrez donc pas être surpris de leur présence.

La graine dans l'arbre

Quel est le pourcentage de la graine dans l'arbre? Quel est le pourcentage de l'arbre dans la graine en maturité? Comment pouvons-nous distinguer la graine de l'arbre en maturité ou vice versa?

Si vous avez fait une pause, je vous demande quel est le pourcentage de l'enfant dans l'homme ou dans la femme. Qu'est-ce qui les unit à travers le temps et l'espace? Est-ce peut-être leur mémoire individuelle ou peut-être leur mémoire commune? Y a-t-il une autre unité qui dure au-delà de la conscience? Quelle est cette chose que vous pouvez soustraire et qui, si elle n'est plus présente, les gomme toutes et fait disparaître leur conscience de soi?

Parce que nous savons que l'humanité est fixée dans le temps et qu'elle est en existence continue, nous pouvons présumer que la chose qui change continuellement, la constante du changement, est ce que nous recherchons; c'est le lien entre la graine et le changement, et il est évident qu'une fois qu'une créature cesse de se modifier, elle cesse d'exister.

La mort lente est alors la faible réduction du taux de changement, la mort rapide est le taux de changement accéléré suivi d'un arrêt complet du système; le changement ininterrompu entre les deux est la vie.

L'état ci-dessus est observé par l'humanité en s'observant, mais est-ce le cas dans la nature où tout est en constante transformation?

Pour la nature, l'humanité, en tant que matière comme toute autre, est éternelle, car elle la modifie d'une forme à l'autre et, selon ce modèle particulier, les humains sont des métamorphoses, mais jamais les mêmes.

Ce qui précède étant dit, je me rends compte que je m'éloigne du sujet, désolé, je viens de voir un papillon. Oui, nous avons commencé à chercher l'élément de ce qui est et l'est continuellement.

Il me semble difficile de chercher l'être pour trouver ce qui est. Tout aussi difficile est de trouver le présent sans le passé.

Examinons la mémoire et notons qu'elle n'est pas plus durable que le reste des composants du corps humain. Il y a des gens qui ont perdu la mémoire, mais leur moi, même en lambeaux, est toujours fonctionnel; il a toujours un sens de ce qui est, un sens de ce qui était et la constante de l'être. La mémoire est donc importante, mais ce n'est certainement pas l'unité dont nous avons parlé plus tôt et elle est éteinte pendant le sommeil.

La mémoire commune ne tient pas la route non plus, car parfois elle ne peut même pas se rendre compte que le passé est écrit en ce moment même et n'est jamais en accord avec d'autres mémoires individuelles lors de la transposition des événements. Oui, elle fonctionne comme un certain point de référence, mais, comme les sages le savent depuis longtemps, elle est facile à abuser, elle est manipulée par les pouvoirs en place et n'est donc pas fiable. Elle est également désactivée pendant le sommeil.

Si la conscience peut être désactivée, comme lors d'une anesthésie totale, quel élément, il faut se demander, est alors au contrôle? Bien qu'il existe, ce n'est certainement pas la conscience.

Est-ce cette unité qui les allume et les éteint? Alors, qu'est-ce que c'est? La seule chose qui, en apparence, semble permettre aux autres éléments cités de faire la même chose? La chose, qui pendant le sommeil est toujours allumée et quand la mémoire s'estompe garde toujours un peu d'ordre en place? La chose qui est présente dans le fou qui sait encore que l'argent achète de la nourriture, et dans le sensé qui vend du temps inestimable pour l'avoir? La seule chose qui gère l'animal et l'humain?

Quand tout est dépouillé de sa peau évolutive, que nous reste-t-il à tenir dans nos mains? Une graine ou un papillon? Si ce n'est aucun d'entre eux alors qu'est-ce que c'est?

Sur la religion comme source de la morale

La religion a autant à voir avec la morale que les deuils ont avec les fêtes de mariages : à savoir rien du tout.

Le sens de la vie

Sur la planète X0281, lorsqu'une personne est sur le point d'entrer dans l'âge adulte, la première question qui lui est posée devant ses pairs est la suivante : « Pourquoi avez-vous décidé de naître ? » Lorsqu'elle atteint la quarantaine, elle est de nouveau à la barre des témoins et il lui est demandé : « Pourquoi avez-vous décidé de continuer à vivre ? » Quand elle atteint l'âge de la retraite, on lui demande : « Qu'est-ce qui vous a fait perdurer ? » Aux trois questions posées, le garçon et l'homme, la fille et la femme doivent répondre, car toute personne n'ayant pas de réponse est considérée comme inconsciente de sa vie et, en tant que telle, cela est considéré comme une forte indication que cette personne n'a jamais vécue.

Sur la cruauté

Il n'est pas question de savoir si l'on est cruel ou non, l'humanité est cruelle, car nous faisons partie de la nature, mais de savoir s'il faut cesser de l'être et ce qu'il faut faire à ce sujet.

Sur les pires défauts

On entend, « C'est sûr que celui-ci sait ressortir les pires défauts des gens! »
Je demande, « Est-il possible que le pire tente de sortir de toute façon? »

Le sage et le fou

« Qu'est-ce que le fou a dit au sage? »
« Qui es-tu? »
« Que se dit le sage à lui-même? »
« Je suis un imbécile. Que vais-je faire pour cesser de l'être? »

L'âme dans la poésie

En ce qui concerne l'esprit et l'âme, qu'ils existent ou non, cela n'a aucune importance pour le poète; l'esprit s'estompe, mais l'âme se lève.

Sur la certitude

L'arrogance d'une certitude est aussi néfaste qu'une intrépide ignorance.

Sur la beauté

« Tu es belle! » Il lui dit.
« Oh, merci! » Elle répondit
« Ce n'est pas un complément », il poursuivit.
Elle avait l'air perplexe.
« Je t'ai fait réfléchir. » Il cligna des yeux et s'éloigna.

Sur le pouvoir de la nuisance

Importuné par l'abeille, l'être humain ne voit pas la beauté du soleil.

Sur le meurtre

Un temps viendra où, avec horreur, les générations futures examineront le fait que nous mangeons des animaux. Mais avec moins de chagrin, elles considéreront le fait que nous nous tuons les unes les autres, car elles le feront toujours elles aussi.

Sur la pensée

Comme les bibliothèques étaient autrefois des endroits où les livres se trouvés, aussi les cerveaux étaient des endroits où les gens allaient penser, c'est-à-dire avant que les distorsions communales ne les perturbent.

À tout auteur

En terminant le livre, j'entendis une voix qui me dit « Nul n'a écrit de si beaux mots! » Je retourne

en arrière, je prends un verre d'eau et je le jette à la figure que me regarde dans le miroir. « Vaux rien, tu veux me rendre au niveau des plus bas des maroufles! Je ne succombe pas à tes chaînes de complaisance! » Je lui dis.
Pourtant la figure qui était la mienne ne cessa de sourire.

Ce n'est pas toujours noir et blanc

Le soleil qui pâlit la lune donne également vie à notre planète.

Sur quelques idées fausses

Certains des riches pensent que nous voulons tous être comme eux, ils ne semblent pas comprendre le fait qu'un bon nombre d'entre nous se moquent de leur style de vie et un grand nombre d'entre nous ne se soucient guère de leurs biens. Plus importants encore, ils pensent que leur vie est tellement fantastique que nous devons leur en vouloir. La vérité est que la plupart d'entre nous veulent plutôt être libérés du fardeau financier et pas nécessairement être riches.

Certains parmi les pauvres pensent que le sens de la justice ne leur est conféré qu'à eux et qu'il y a peu de riches qui en sont en possessions. Ils n'ont pas l'imaginaire de voir que le fait d'être riche n'est qu'un style de vie, un style confortable, ils ont raison de le penser, mais qui ne le libèrent pas les riches des incidents inévitables de la vie.

Sur la bonne volonté

Le monde sans bonne volonté est comme le fait d'être sur Terre, voir le reflet du Soleil sur la lune, mais sans pour autant pouvoir voir l'étoile glorieuse qui l'éclaire; on ne voit que la pâle lune.

Sur ce que vous pourriez être

Si la nature vous a rendu beau ou belle, souvenez-vous qu'au moins dans votre personnalité, il y a toujours beaucoup d'amélioration à faire.

Si la nature vous a donné une beauté simple, sachez alors que nous devons tous nous rencontrer à mi-chemin.

Si vous pensez ne pas être doté de beauté ni de simplicité, souvenez-vous que ceux qui croient avoir beaucoup à accomplir sont dotés, s'ils s'exercent, d'une créativité sans égale.

Si rien de ce qui précède ne s'applique à vous, sachez que vous êtes la variable « tout le reste »; l'essence de la vie réside en vous et rien ne peut vous briser. Vous êtes la manière dont les autres ne savent être et pourtant vous êtes toujours là, et s'il y a déjà eu un miracle, alors c'est vous qui l'êtes; que vous le sachiez ou non importe peu, vous êtes l'exception; une inspiration.

Sur la menace comme moyen de persuasion argumentatif

La langue de la mort n'est pas une langue de débats.

Sur la religion et le libre arbitre

Un dieu qui m'a apparemment créé libre et autonome et qui me dicte quoi faire, comment et ce que je dois penser.

Sur le sens du rire

Si le rire était le signe de la joie, les clowns seraient les plus heureux de nous tous et les gardiens de l'empire de la joie.

Sur les manifestations, les soulèvements et les rébellions

Les gens ne descendent pas dans les rues pour faire une démonstration par eux-mêmes; ils sont organisés et financés pour le faire, ou par le pouvoir local ou par ses concurrents, ce constat n'a pas pour but de réduire la valeur de leurs exigences ni de nier la légitimité de leurs demandes, mais plutôt de se demander s'ils vont atteindre leur but ou celui de leurs commanditaires. Du premier point, par suite de multiples observations répétées, j'en suis la plupart du temps douteux.

Cela me mène à l'importance pour le peuple d'être sûr de l'impact et du résultat de ses actions, d'avoir un mandat clair dès le début au-delà des buts des commanditaires et de leurs visées cachées.

Sur le marché de l'immobilier

Vendre le vide dans l'étendue creuse de l'espace est le rêve de chaque escroc.

Sur la vanité par rapport à l'élégance

Dans leur tentative de rabaisser le soleil en le couvrant, les nuages ajoutent désespérément à sa gloire. Loin d'être avili, le soleil se voit orner d'une auréole tempérée.

Sur les nouvelles

« Je ne lis les journaux ni ne regarde le bulletin d'information, il y a une chose plus importante se déroulant dehors. »
« Qu'est-ce que c'est? »
« Le soleil. »

Sur le président étant présidentiel

La marionnette ne peut bouger qu'aussi loin que la main du marionnettiste.

Sur l'apprentissage académique

L'université ne peut rendre une personne sotte moins idiote ni ne peut rendre une âme tordue plus droite; l'université est censée être un laboratoire pour l'esprit curieux afin que ce dernier puisse se servir des ressources coûteuses de cet établissement.

Sur amélioration personnelle

Il est vrai que nous sommes les descendants de nos circonstances, mais il est aussi vrai que nous sommes la clientèle de nos propres améliorations. En vouloir au passé sans prendre la responsabilité du présent est comme conduire une voiture en insultant le rétroviseur et en fermant les yeux à la route devant le véhicule.

Sur la peur de la mort

Je crois qu'il est bien d'avoir peur de la mort, car autrement on deviendrait négligent avec notre vie. Je dis avoir peur et non trembler devant la mort, car se recroqueviller devant la mort réduit la dignité de la vie et cela n'est pas une propriété qu'on veut avoir.

Sur la valeur de la maîtrise de soi

Ne deviens pas ce que tu exècres.

Le sens du devoir

Devrais-je être moins fidèle qu'un chien qui attend son maitre plus de sept ans?

Devrais-je être moins honnête que le miroir qui sans personnalité n'a pourtant pas de retenue pour dire la vérité?

Devrais-je être plus gourmand que le lion qui, une fois rassasié, ne cherche jamais l'abîme de l'insatiabilité pour assouvir ses émotions?

Devrais-je en amour être plus sot que tous les malheureux qui se croient importants et sont pour cela hautains?

Sur l'état de survie

Dans les premières étapes de la survie, le sens de la pudeur est le premier des caractéristiques à foutre le camp, la seconde caractéristique à faire pareil est le sens de l'impunité.

Sur la bêtise

On ne naît pas bête, on hérite la bêtise en continuant de faire ce qui est bête.

Être sage

Beaucoup de personnes croient que le sage est une personne, mais peu se rendent compte que c'est une décision prise un certain temps dans une certaine situation. Ainsi, être sage est une possibilité pour chacun d'entre nous, et c'est aussi, malheureusement, le cas d'être peu avisé.

Sur l'âme et le corps

On parle souvent de la primauté de l'âme sur le corps, à supposer qu'ils soient des unités séparables, et que l'âme doit surmonter les besoins intemporels du corps, que le corps est éphémère alors que l'âme est plus durable, peut-être même éternel. Une question que je me pose « est-ce que l'âme mérite le corps » ou en posant la question plus verbeusement « en quoi l'âme surpasse-t-elle le corps? Est-ce que l'âme vaut mieux que le corps? Dans une comparaison entre les deux, qui va s'en sortir plus humble, plus honnête, plus serein, l'âme ou le corps? »

Je soutiens que le plus souvent c'est le corps qui mérite notre respect alors que l'âme, aussi surprenante qu'elle nous semble, n'arrive pas à supplanter l'amabilité du corps. Si le corps fut une demeure et l'âme le locataire des lieux, on trouvera toujours que la demeure est plus constante, plus solide, plus humble que le locataire. En bref, la demeure est plus impressionnante que le demeurant.

Dans cette perspective, le problème spirituel de l'être humain ne réside pas dans son corps, mais dans son âme maladive, pourtant c'est cette dernière qui se fait prendre comme la haute instance de jugement de l'être humain et se permet le droit de se déclarer éternel et ingratement prononce son éternité, sa pérennité en quelque sorte, vis-à-vis du corps qui n'est pour elle qu'une bête de somme; elle pensent qu'elle doit le surpasser et qu'elle le surpassera un jour, en le laissant derrière elle, se corps porteur de poids, pour arriver â sont éternité bien mérite nous dit-elle.

Après l'arrogance vient la promesse de perfection; l'âme se croit supérieure au corps et toute sotte qu'elle est, elle prononce sa supériorité à haute voix. Pourtant elle et le corps ne font qu'un et la fin du corps est la fin de l'âme. Le corps, lui, comme la mère qui dorlote son enfant tumultueux, ne dit rien et continue à supporter cette âme mesquine sans porter de jugement ni de rancune contre elle.

Pourtant, la vie veut que l'âme et le corps ne soient qu'une unité inséparable; ils sont aussi liés l'un à l'autre que la tête et le reste du corps, que le soleil et la terre, que l'air et la vie pour l'être humain; la séparation des deux est impossible.

Si cela ne fut pas le cas, l'âme, aussi généreuse qu'elle soit, laisserait tomber le corps au premier tournant. Cela me mène à des questions que chacun doit se poser « en quoi ton âme dépasse-t-elle ton corps? Pour quelle raison mérite-t-elle d'être éternelle et le corps non? Quelles justice ou justesse existe-t-il en cette proposition? »
La réponse, à vous de la trouver, vous donnera le poids et la valeur de votre conscience.

Sur la dichotomie de la vie et de la mort

Il faut toute une vie pour te préparer à la mort, et quand la mort se présente à toi, tu apprends que tu ne t'es jamais préparé pour la vie.

Sur la volonté de ne pas se retrouver

Un 'être humain dans les ténèbres demande, « Avez-vous vu mon ombre? »

Sur le dévouement

Tu peux, comme un navire, être secoué sous la force des vagues émotionnelles, mais soit aussi solidement lié à ton ancre.

Sur les livres d'histoire

Fous sont ceux qui croient trouver la vraie histoire dans un livre. Ils ne trouveront que ce que les flammes font au feu, ce que le feu fait au papier, et ce que le papier fait au feu.

Sur l'arrogance

L'arrogance étant une diva, elle a besoin de spectateurs.

La religion, l'athéisme et la mort

La religion, avec son concept de l'enfer, vole à l'humanité son dernier moyen de repos. C'est pourquoi l'athée, s'il est plein de gratitude, a tendance à être plus serein en face de la mort qu'un fervent religieux.

Sur la prédominance de l'espoir

Il est vrai que la nuit semble couvrir la majeure partie de la terre à n'importe quel jour, mais il est aussi vrai qu'il y a toujours un lever de soleil quelque part et s'il n'y en a pas c'est qu'il fait déjà un brillant jour.

Sur les bords coupants de l'amour

L'amour? Qui est aux manettes? Attention à ce que vous souhaitez!

Sur les dieux et les êtres humains

« Tu es méprisable, donc, on va te laisser vivre. » Disent les dieux.
« Vous êtes chimérique, donc, je vais continuer à croire en vous. » Disent les humains.

Sur le fait d'être prisonnier de la vie

Nous sommes tous nés en esclavage, mais nous avons tous le choix de la porte de sortie, le temps et le lieu.

Sur le besoin de rentabiliser ses idées

Parfois, il faut pouvoir rentabiliser tes connaissances, sinon elles ne sont que des idées éparses.

Sur la servilité

On n'avance pas en se courbant comme un chien. Si c'était le cas, il y a longtemps que les chiens seraient devenus les maitres des êtres humains.

La sagesse du soleil

Je veux être la lumière qui illumine le monde et si ce n'est plus le cas c'est parce que la terre a choisi de tourner son dos à la lumière et en paix je la laisse s'endormir vu que demain, me trouvant toujours utile, elle aura besoin de mon effervescence lumineuse.

Sur la raison de vivre

La vie n'est pas raisonnable, non selon nos raisons, mais elle est vachement belle et en cela elle mérite notre volonté de survie.

Sur la vie

La vie a parfois l'humour d'un enfant. Elle peint tout ce qui lui semble ridiculement figé dans son coin, elle commence par un graffiti, termine le tout par un méconnaissable chef d'œuvre ambulant; un nouvel écosystème, une créature en mouvance, et dans les pires des cas elle nous fait un grand canyon; la vie me semble être la chose en mouvance qui ne veut pas dire son dernier mot.

Elle est l'auteure d'un nombre infini d'histoires, l'une d'entre elles est la mienne et la tienne; il faut seulement apprendre à lire, l'art d'écrire en mémoire nous étant donné d'office le moment de notre naissance, mais bien lire c'est une toute autre histoire; c'est là un effort individuel et collectif.

Sur la générosité

La générosité n'est jamais à vendre et dans le cas du contraire en a alors à faire à une autre chose. Soit inspiré par la vie.

Sur ton état dans la vie.

Peu importe comment tu vois les choses, et au risque de paraître égocentrique en le notant, dans la vie il n'y a que toi dans le présent dans l'éternité.

Sur la gratuité de la vie et du destin

L'être humain est tellement habitué au troc qu'il n'arrive pas à croire que beaucoup de choses dans le monde naturel sont gratuites; il voit le papillon naître sans faire d'addition ni de soustraction, les oiseaux ne plantant aucune semence et pourtant leur gain de vie est bien souvent garanti, il voit les fourmis travailler, mais il oublie qu'elles se reposent l'hiver entier.

Il se croit supérieur aux animaux et pourtant sa finalité est la même. Il se dit qu'il doit sa vie à un être aussi supérieur que lui-même et qu'il doit en troc lui faire des offrandes, aussi superflues, il faut le dire, que l'être humain, et que ces dernières lui garantiraient sa continuité dans l'éternité. Hélas, ni l'être humain ni le temps ne sont maîtres de leurs progressions et la finalité de l'un ne repose pas, nécessairement, sur celle de l'autre.

Sur les nations et notre place dans l'humanité

Nous sommes tous nés sur une vague, mais on ne doit jamais oublier qu'on fait tous partie de la mer.

Sur l'écriture

Pour bien écrire, il faut écouter les voix qui racontent notre histoire car elles se parlent entre elles pour nous indiquer le chemin; elles sont les échos des âmes qu'on a connues en soi; l'une d'entre elles est la nôtre.

Sur le rêve et la réalité

Il est toujours surprenant de voir un rêve se déferler, mais la réalité, sans lueur ni bannière, trouve toujours un médium entre les deux. Elle fauche le rêve sans l'éliminer, et l'ajuste à son rythme imprévisible; d'un bout à un autre, on trouve le rêve qui nous escorte.

Le monde, la richesse, et la pauvreté

Le monde n'est pas ce qu'il est à cause des riches ni à cause des pauvres; le monde a toujours eu une origine douteuse.

Il est vrai que la richesse et la pauvreté ajoutent des exaspérations à des situations déjà précaires, mais le fait reste que la source de la méfiance est le monde lui-même.

Les règles de la nature, ses tendances qu'on a observées, ne reposent sur aucun sens de la justice.

L'espèce humaine, hors son comportement interne englobé d'une couverture morale pourtant loin d'être moralisante, répond comme toutes les autres espèces aux mêmes motifs cruels du besoin de survie qui régit la nature.

l'être humain outrepassant la nature, en dominant ses besoins physiques de survie par rapport aux autres animaux, ne se semble pas se rendre compte qu'il n'a plus besoin de son moteur instinctif pour vivre au jour le jour, et que bien que son instinct de survie soit toujours nécessaire, c'est le moteur de sa volonté d'être, il n'a pas toujours besoin dans les temps modernes de l'appliquer sur des territoires déjà acquis.

On semble amputé au monde un certain équilibre orignal, presque divin, et a qui par méchanceté l'être humain à rendue l'existence précaire.
Le monde, au contraire, n'a jamais était le berceau de la justice, et il ne le sera jamais, il n'est pas fait pour subvenir au besoin de l'être humain ni à toute autre espèce; il existe par-delà les espèces et les choses.
Le sens de la morale et de la justice est une invention de l'être humain, né d'un besoin social inévitable, et est la représentation de son évolution par-delà la réalité cruelle de la nature; cruel est un terme que j'emprunte à l'humanité, car pour être cruel il faut imputer à une personne une volonté et une volonté par-dessus le marché de faire le mal et la nature étant incapable de tels motifs ne peut être accusée d'une telle offense.
Cela est bien évident en observant le monde animal, où bien que le manteau moral est inexistant, le comportement du group, le noyau familial dont le sens adoptif étant l'exemple

plus représentatif, est bien évident au regard le plus mondain de tout être humain. Pourtant les animaux par nature se mangent les uns les autres et l'humanité est la suprême instance d'hybridité de l'hyperconsommation; elle a la capacité seule à bouffer de l'animal et du végétal.

C'est dans ce monde sauvage que l'humanité a pris sa naissance et par l'entremise d'un but évident de survie naquit sa conscience; la cruauté est dans la nature, et donc dans l'humanité et notre espèce continue par conséquent une lutte contre les règles de la nature.

Pour ce faire, l'humanité s'inventa un imaginaire surnaturel, une origine divine, car elle se rendait bien compte que sa tache morale était bien difficile et qu'il lui fallait une force exceptionnelle non existante dans sa nature à elle.

Pour finir, cet imaginaire s'est retourné contre l'être humain, car ce que l'être humain veut et ce que la nature exige sont en contradiction diamétralement opposés; les règles de la nature outrepassent l'être humain, mais il a besoin de la nature, il est nature, pour continuer son existence.

L'être humain ne peut échapper à la nature, il a essayé avec l'idée de l'au-delà, mais il peut faire beaucoup pour réduire les exaspérations de cette dernière.

Sur la charité et le patriotisme

Lier la charité au patriotisme est comme essayer de faire honneur à la bonté avec une insulte. La première est outragée par l'insincérité et le second s'insurge sur le fait qu'on lui a choisi une aussi douce compagne.

Sur les guerres

Les guerres saintes, les raids, les bombardements, les invasions militaires, et le terrorisme ne sont que des crimes qui se cherchent une raison.

Sur le sens et le but de la vie

Le but de la vie est la survie des micro-organismes; l'être humain, en étant un écosystème, est un habitat naturel pour les micro-organismes.
Vous insistez à savoir le sens de la vie et non son but?
Il n'y a pas de telle chose et s'il y en avait il y a longtemps que la vie se serait éteinte.
Le but de la vie est une infinie multiplicité de raisons, toutes assemblées produisant une infinité de possibles raisons à choisir. Le reste n'est que des prétentions absurdes d'une petite créature finie et chétive en face de l'infinité de la vie; un esprit intransigeant en face de plusieurs choix.

Sur les idées

On voit l'enfant qui fait écho aux paroles de ses parents, il les répète à voix basse, des échos qui s'implantent dans son for intérieur, sans qu'il s'en aperçoive lui-même, mais qui pour l'observateur sont indéniables. Ces échos restent dans l'enfant et réapparaissent plus tard dans l'adulte et résident en lui réclamant et exerçant un droit de vote dans les décisions de l'être.

L'être humain est un écosystème d'échos qui deviennent des idées et qui se cannibalisent entre eux.

Sur le plan biologique, comme sur le plan mental, l'être humain est un écosystème; quand le corps de l'être humain meurt, c'est les micro-organismes qui restent et quand l'âme, ce qui englobe où est le récipient des pensées de l'être humaines, meurt c'est les idées écrites qui restent.

Sur le continuum de la sagesse

Quand tu utilises le mot, « sage » n'oublie pas d'utiliser son complément, « maintenant », car aucun n'est sage tout le temps.

Sur le fait d'avoir des enfants

À travers ton enfant, tu as l'unique occasion de revoir ta propre expérience et tes croyances, d'étudier d'une manière rapprochée l'évolution d'un autre être humain. Ne la gaspille pas.

Sur la valeur du parent pour l'enfant

Le parent est le seul point de référence de l'enfant, l'aiguille de la personne de ce dernier cherche toujours le pôle du parent jusqu'à l'instant où l'enfant trouve sa propre polarité en soi et pointe son existence vers ce nouveau cap. Entre-temps, il ne fait que faire écho avec celui du parent pour se trouver.
Gare aux parents qui ne font pas attention à cette dynamique, car le prix à payer est de trouver les mêmes incompréhensions et difficultés de leur être en l'enfant devenu adulte.

La boussole pointe vers eux, mais cette fois en forme d'un miroir qui réclame des sanctions difficiles à s'en soustraire.

Faire de son mieux pour ses enfants

On essaye d'offrir le meilleur avenir possible à nos enfants et l'on oublie que le meilleur est à faire d'eux-mêmes. On remplit leur monde avec nos propres créations et l'on étouffe le potentiel sans quoi la vie n'est qu'une terne comédie; ce même potentiel qui a fait de nous ce que nous sommes aujourd'hui.

Chaque enfant est une étoile et l'on doit lui donner la chance de rayonner sa propre lumière.

Sur les émotions infligées

On est continuellement en train d'être nourri d'une diète émotionnelle, l'importance de laquelle, pour le manipulateur, n'est pas qu'on agit ou qu'on réagit, mais plutôt d'être maintenu dans un état d'excitation et d'irrationalité continue, pour que l'on puisse se laisser influencer à sa guide.

Sur la gratitude et le voyage final

Il me semble qu'aucune personne ne rentre dans l'abîme de l'éternité, si elle est reconnaissante pour une vie vécue, sans être remémorée par la lumière et ayant pour autant son parcours éclairer.

De la liberté et de l'autonomie

Suis-je capable de voler? Ai-je des ailes? Non, ceci est la liberté et ses limitations. Suis-je libre d'inventer et de façonner un avion et de voler dans les airs? La réponse est oui; ceci est l'autonomie, sa réalité et son potentiel.

« Que je sois maudit si je me laisse coller au sol! » est l'écho de la voix qui inventa l'avion.

Sur le fait de travailler sa vie jusqu'à la mort

Tu ne vis pas ta vie, tu attends qu'elle passe.

Sur la bonté

Il y a beaucoup de choses dans la vie qui peuvent mal tourner. Cela dit, ça veut aussi dire, pour le juste, qu'il reste beaucoup de bien à faire dans le monde. La bonté, pour le juste, est donc un fiable investissement.

Sur la colère et la manipulation

Celui ou celle qui te mettent en colère essayent d'implanter sa personnalité en toi.

La vie

À une heure d'hivers, le temps se courbe comme les vagues sur les creux des rochers

La vie comme une étoile brille dans les profondeurs de l'abîme, une lueur de braise, un feu illuminé par sa propre sévérité aux yeux du pauvre, une chaleur pour bercer son corps dans le froid superflu de l'éternité

Le destin de l'ombre rappelle à l'être sa constante vérité; apparaître et réapparaître est le sens de l'éphémère impunité

Que rament les vagues, les barques ou le vent les voiles dans la solitude de l'éther

La vie est un bien que ne connaissent pas les espaces d'obscurité

Porter en soi un soleil au lieu d'un abîme me semble valoir mieux que les métaux à priori précieux des moribonds

Toute vérité sous le soleil trouve un héritier
Toute traîtrise se fit au fier mensonge de l'éternel été

Tout haut saut n'est que la sommation de petits bonds de proximité

Pour vivre, il ne faut pas une nécessité, mais une volonté

Pour bien mourir, comprendre que la vacuité n'est pas une bonne qualité pour partir comme partent les sages

Sur le zèle

Il me semble qu'à chaque fois qu'on affirme les hauteurs de quelque chose on s'en dégage. Ceci est de même avec les revendications morales proclamées à haute voix; aussitôt que les pieds arrivent au sommet de la tribune, la voix interne de l'orateur semble s'acheminer en sens inverse.

Sur l'arrogance

Le problème de l'arrogance n'est pas le fait qu'elle soit ennuyeuse, elle l'est, ni le fait qu'elle fait de nous la risée de tout le monde, mais plutôt c'est le fait qu'elle met son sujet dans un dangereux état de profonde négligence, de sorte qu'il soit aveugle à ce qui est bien évident à tout le monde.

Peu d'entre nous sont dérangés par l'affichage d'un paon faisant la roue, mais ce que l'on trouve répréhensible et quand le paon le fait en face d'une troupe de lions affamés. De là découle notre préoccupation.

La dichotomie du libre arbitre

Si l'être humain est en possession d'un libre arbitre, alors Dieu ne l'a pas, et si Dieu a le libre arbitre l'être humain ne l'a pas. Dans les deux cas, la proposition selon laquelle il y a un péché est cuite et par conséquent l'absurdité de l'existence d'un paradis et d'un enfer. L'être humain est par contre, si l'on admit qu'il est sous l'emprise du libre arbitre circonstanciel — voulant dire qu'il veut ce que la circonstance lui offre et qu'il n'est pas libre et ne peut vouloir que ce qui est dans son monde et peut pouvoir par conséquent — est moins libre, mais autonome; là réside le génie de sa puissance et la genèse de son espoir.

Sur les concessions de sa personne

J'ajusterai volontiers ma personne, mais jamais ma personnalité, car j'ai payé un prix exorbitant pour l'avoir.

Sur le dernier voyage

Quand je passerai vers les ténèbres éternelles, je sais que la lumière et la légèreté me porteront de l'autre côté, car ils étaient mes compagnons de tout temps.

Sur nos objets personnels et l'au-delà

Peut-être que l'être humain croit que puisqu'il laisse des objets derrière lui qu'une part de lui aussi doit nécessairement rester.

Sur la méchanceté de l'esprit

Ceux qui cherchent une raison pour être méchants la trouveront. Le faire sous le couvert de hauts principes n'est qu'une superficielle excuse pour dépasser la médiocrité en se prélassant dans le royaume de la stupidité.

Sur l'absurdité et la raison

Le racisme, la colère, la kleptomanie, la médisance sont pour ceux qui en sont affligés toujours latents.

Une commère n'a besoin d'aucune raison pour s'engager dans la médisance, car elle est toujours en recherche d'une occasion pour le faire.

Un kleptomane n'a besoin d'aucun outrage contre lui pour voler, il est toujours dans le déni de l'existence d'une occasion pour être honnête.

Une âme de feu en colère n'a besoin d'aucune aide pour brûler, car même un inoffensif chiot famélique peut braver sa fureur.

Le sentiment mal placé que tout lui est dû du raciste, en raison de sa naissance, le rend captif à toutes les craintes d'intrusion étrangère, car le titre de sa naissance accidentel est pour lui quelque chose d'inné et il n'aime pas être contredit par rapport à ses plus profondes croyances, il n'a besoin que de la une des médias pour étaler ses objections.

Une abeille ne sait pas pourquoi elle fait du miel; elle le fait tout simplement. Et si par hasard on lui demandait la raison et elle pouvait par miracle répondre, elle balancerait ses mains en l'air en répondant « C'est à cause des vagues d'immigration récentes. » Après tout, elle est née comme abeille, et les humains se sont empiété dans son pays. Ainsi, l'abeille aussi trouvera des raisons mal dirigées pour des sentiments mal dirigés.

Sur les âmes manipulatrices

Les moustiques, une fonction de la nature, sont là pour nous rappeler la bassesse de certaines natures. Bien qu'il est naturel que leurs bruits soient là, il faut quand même prendre l'initiative, le moment propice, et fermer la fenêtre aux insectes nuisible.

Sur l'être humain

L'être humain est un récipient avec un vide rempli d'échos au fond duquel se trouve un écosystème de micro-organismes qui perdurent malgré la fin de son étincellement.

Sur le libre arbitre

S'il existe un libre arbitre, alors cela limite le rôle d'un créateur divin, vu que le Créateur ou la Créatrice ne peut intervenir dans les affaires de sa création sans annuler le libre arbitre, et s'il n'a y a pas de libre arbitre, alors l'être humain n'est pas responsable de ses actions; dans les deux cas, toutes les assertions de l'existence de plan divin sont érodées. Le raisonnement selon lequel il existe un libre arbitre ne renforce pas la religion, il l'annihile.

Sur l'image du potentiel

L'oiseau qui appelle l'été.

Sur la survie

La survie nécessite une volonté de survie et non d'abandon. C'est simple comme règle pourtant difficile à suivre.

L'ombre de la volonté

Moi qui t'ai vu grandir pour devenir une cause, un effet, une volition, une ébullition, une créature de lumières,
Tu réagis pour l'observateur intime comme une libre impulsion sauvage sans antécédent
Mais sous l'œil de l'étendard du philosophe, tes limitations sont au clair de lune bien évidente
La raison en vertu de ta prédisposition t'en veut
Tu veux ce que tu peux vouloir et pourtant,
Au sortir de l'ombre tu sais émouvoir
Mais quand même, je te fais confiance et te souhaite une croissance comme celle de l'intelligence face aux limitations du rivage
Un bateau, un avion, une invention qui déferle sur l'horizon

Pour rendre au corps ce qui est un acquis de l'âme
Autonome comme est l'astre face au ciel des voiliers
Le sourire des dauphins à des bipèdes flottant sur des morceaux de bois, heureux de quitter leurs terres pour des postes lointains
Un Nouveau Monde qui se renaît aux vues des regards naissants
Je te parle, pourtant on n'est pas deux
Comme est le reflet à son image, on est ce que l'on est

Sur l'honnêteté et le caractère des gens

Il y a ceux qui ne mentent pas, ne triche pas et ne vole pas parce qu'ils sont honnêtes et il y a d'autres personnes qui ne mentent pas, ne triche pas et ne vole pas parce qu'ils n'ont pas eu l'occasion de le faire. Les derniers, dit la voix de la précaution, sont en prédominance dans le monde.

« L'ennemi est en soi. » Nous rappelle la voix de la sagesse.

« Il n'y a pas d'immunité. » Murmure le vent invisible.

Règle primordiale de la parentalité

Laisse l'enfant faire ses premiers pas tout seul; la première envie de marcher, comme celle d'être au monde, doit venir de lui seul.

Sur les relations personnelles

Nous choisissons les personnes sur la base de la bonne apparence perçue, mais nous les rejetons sur la base de la laideur confirmée de leurs personnalités.

Sur l'état et sa gouverne

Aucun gouvernement ne sait ce que son peuple pense, mais il a l'obligation de faire semblant. De là le fait qu'il ne ressemble que rarement aux gouvernés.

Sur l'histoire et la vérité

Tout peuple a une histoire écrite, mais elle n'est jamais la sienne.

La valeur du caractère

Des erreurs de jugement j'en ai fait et j'en ferai; de ces erreurs je ne m'en veux pas. Par contre, c'est les erreurs de caractère qu'il faut m'en vouloir.

La loi comme force dissuasive

Aussi longtemps que le besoin est plus grand que la loi, la loi est perdante, car dans l'impulsion du besoin la loi n'entre pas en compte et n'est jamais une considération actuelle.

Sur la colère et les personnes irritantes

Je n'aime pas les personnes qui veulent m'emmener là où je ne veux pas aller.

Sur le fait de laisser vos enfants trouver leur chemin vers vous

Les pigeons voyageurs, pour revenir vers vous, doivent être autorisés à être dans d'autres endroits.

Être intelligent

Tout le monde peut penser et dire des choses intelligentes, mais être à la hauteur de ses dires, voilà qui sépare le sensible de l'insensé. Je crains que comme le reste de mes frères et sœurs humains, nous soyons en majorité dans la deuxième catégorie.

Entre l'amour et le mépris

On dit qu'on ne voit pas de danger dans une personne qu'on méprise et qu'elle n'inspire pas une soif de rancune de notre part. Aussi, on note que l'amour bien aiguisé peut blesser une personne aimée. Alors, doit-on prêcher le mépris ou l'amour pour autrui? Le mépris me semble hautain, l'amour restrictif et l'on ne peut aimer tout le monde; je prône par ailleurs, jusqu'à nouvel ordre de la part de notre expérience, le droit à l'indifférence envers le monde.

Sur les peintures et les mots

Si une image nécessite des mots pour l'expliquer, alors, elle a échoué son but d'être une image bien évidente; ce qui a besoin de mots pour être expliqué n'a pas besoin d'être peint, de la découle la puissance de la peinture.

Aujourd'hui et demain

Demain; une fiction mortelle.
Aujourd'hui; une belle rose.

À l'heure de passer au travers de ta vie

Si tu es religieux ou spirituel, alors, tu sais bien que tu as attendu toute ta vie pour découvrir ce qui est à l'au-delà

Les dieux, n'ayant porté sur toi aucune malveillance pendant toute ta vie, pourquoi voudraient-ils, maintenant que tu vas être plus léger que l'air, te traiter différemment?

Si tu es agnostique ou athée, tu sais que la paix éternelle t'attend en allant de l'avant,

Si tu es un lâche, jette au loin la peur et porte l'habit d'une âme en espérance, car tu sais que tu as porté le poids de ta peur et que tu es sur le point d'être alléger du fardeau d'une indésirable pestilence qui ta encombrée toute ta vie,

Si tu es une personne brave, alors, maintenant est l'heure de tester ta vaillante âme de soldat.

Sur la prétendue supériorité des hommes aux femmes

Montrez-moi un homme avec un enfant sortant des entrailles de son corps, aimant ce dernier comme la chose la plus précieuse au monde et refaire le même exercice à plusieurs reprises dans sa vie, et je converserai sur votre affirmation que les hommes sont supérieurs aux femmes.

Le but de la vie

« Quel est le but de la vie? » est une question posée par ceux qui ne l'ont pas, ils sont dans une situation précaire, ceux qui l'ont, au contraire, vivent.

Sur l'ordre des affaires

Avant de me vendre un véhicule, il faut que tu me vendes son prix, et si tu ne peux pas me vendre le prix, je n'achèterai pas ton véhicule.

La règle d'or

N'importe quelle dilettante comme moi peut trouver une règle d'or; être à la hauteur de la règle d'or est le défi qu'aucun dilettante ne peut aisément accomplir.

Des choses certaines

Aussi sûr qu'il existe « un » dans quelques-uns et « quelques-uns » dans plusieurs.

Sur la valeur de confiance dans une relation

Il y a beaucoup de choses qui font en sorte qu'une relation commence; le manque de confiance n'est pas l'une d'elles.

Le cours d'une relation

Il est possible de faire confiance à une personne, mais pas à son sens de jugement, mais ne pas avoir confiance dans les deux est une indication évidente de la fin d'une relation.

Sur le bonheur

Le bonheur, un état continu de béatitude, n'existe pas. On peut être heureux dans certains moments ou périodes de temps, mais la promesse de sa continuité dans le temps est une chimère. Cette réalisation, au moment propice, peut nous éviter beaucoup de déceptions et nous aider à apprécier les choses à leur juste valeur.

Sur les échecs

Si tu observes tes échecs, tu peux apprendre quelque chose sur toi-même.

Les chevauchées

Je rame comme le soleil sur les vagues
Mon ombre je sautille vers le déclin

Je vois au loin le passé qui s'éteint

Un enfant impassible dans son destin
Je le vois et il me voit; je le contemple et il me regarde

L'enfant c'est moi

On se l'on va et l'on se revient

Vers le ciel un oiseau vole, il se perche sur les cimes de l'éther
Vers le bas il jette un regard d'effroi, voit-il l'avenir de nos pas?

Le vent dans le cœur des êtres humains se lève
La haine courbe le visage clair et distinct de la sagesse
La peur emprisonne le vouloir et en dédain prend le sens en dérapage

De loin le dénouement d'un espoir en ravage

L'aigle de nouveau regarde en bas et toujours avec le même effroi voit le poids de notre existence

Un soupir faible dans une éternité
Un clic presque inaudible sous les chaînes du bruit strident

Il laisse son nid de nuages et rejoint les hauteurs des montagnes

En bas, la foule se disperse, reste un enfant

Incompréhensible pourtant avec un sens commun

La vie; un repos hors du silence de l'univers

Il marche maladroit, mais pas en vain,
Son avenir il le perçoit comme le veut l'abeille en soi

Comme le promet le soleil avec chaque cours de son éveil

Au-delà de la démence, il rencontre le trait de la sagesse aux buts des petites semences

Il croit voir l'aigle le suivre, ses pieds dans l'herbe se perdent sous le poids de la nature qui se lève

Il fait des chevauchées de vingt ans,

À vingt ans, il se cherche parmi les ouragans

À quarante, il trouve des notes de cuivre, un soleil d'avant

À soixante, il marche à l'ombre du soleil et il attend

Arrive ce qui arrive, il verse ses mémoires et croit retrouver son avenir d'antan

Il mesure ses hivers, il compte et comprend

Son horizon se meut et se lève

Ses étoiles, sûres qu'elles sont bien plus brillantes

Sûre que la vie ne fut jamais aussi bienveillante

Il voit les galaxies plus proches et les espaces plus accueillants

Il se lève tôt le matin pour retrouver à l'horizon son bienfaiteur, car dormir c'est pour ceux qui ont moins de vingt ans; lui il n'est qu'un enfant

Impassible dans son destin

Je le vois et il me voit. Je le contemple et il me regarde; on se voit.

Sur les limitations

Reconnaître ses limitations est un bon moyen pour trouver son potentiel.

Sur la diversité de dans la société

On vit souvent dans la même banlieue, mais on ne fréquente pas assurément la même société.

Sur le ridicule

Un esprit droit se refuse rarement un défi mental, mais se doit de refuser de traiter avec le ridicule.

Sur l'intelligence

L'intelligence est comme le rayonnement du soleil; elle n'est jamais constante, mais continue elle peut l'être.

Aux couleurs de l'éveil

Au sommet, des tulipes et des corbeaux,
Des êtres en devenir
Des âmes à en revenir

À mi-chemin entre la lassitude et le désir

L'effroi et l'avenir

Des bouffées d'air du soleil éteint ne cessent de se définir

Un regret se dessine et comme tout regret il se mord les entrailles

Des occasions importunes,

Des larmes se désarment et coulent comme pleure l'hiver l'été en gouttes d'eau sur les roseaux

L'horizon faisant le deuil du jour comme le fait toujours le couchant au levant

Se réveillent les monts à l'appel des champs
Se courbent les honneurs aux coûts
Se perd la vérité aux sons des faubourgs
La conscience aux honneurs de l'argent

Un vol au secours des ailes se voltige à l'horizon

Dans la colline se vêt la pierre de vert; couleur des ondes profondes

Amabilité des forts et des tyrans; une couleuvre aux dents
Un abîme but de tout drapeau
La crapule, la fange et ses compagnons
Les germes de la division
L'horreur; fonds de commerce des nations

Au sommet des corbeaux en liberté
Des peuples en chaînes
La peur, la méfiance, l'humain déshumanisé,
Un mur

Des êtres en devenir
Des âmes à en revenir

L'été qui se fond en eau et en acier
La brume qui présente le doute comme rien de plus sur
Des fards pointés au ciel comme de solides piliers

La haine un lieu de réunion

Dieu l'étendard de tout ce qui est douteux

Une professeure d'école sacrifiée à l'autel de la liberté

Les moissons de novembre : des moissons de dépit

Ceux de mai et de juillet des retours, des débits aux caniveaux

Ce qui est beau et juste ne mérite pas une trahison

L'ivresse de Mars comme celle d'Aphrodite ne rend pas sain,

Si même avec la complicité de l'horizon

S'il faut choisir, il faut choisir son propre destin

Un arbre, une rame, une amitié sans dédale
Loin du carcan des essaims et des diadèmes

Parmi les particules du soleil
La générosité du réveil

Au-delà des sirènes d'alarme des vautours

Se relève le silence de l'éveil

La rose sous l'œil transparent de l'épouvantail
La lividité de la mémoire
Le papillon qui se pose sur le revers de l'histoire,
Sur les couleurs des pétales en décalent

Se meut la sagesse de la patience en face du retard
La précision avec certitude se dérobe de l'arrogance
La précision se courbe en face de l'élégance

Du jour hérite le crépuscule son débit
De la nuit le repos son répit

Des deux le silence sa paix

À mi-chemin, le destin se demande sa destinée

Le passé croit voir son avenir dans des nuances

Les Dieux avec jalousie harcèlent l'humanité; à savoir qui d'entre eux est maître des invisibles et passifs cieux

Un enfant, son regard vers l'étendue du devenir, sait voir mieux

« Je fais confiance à la vie, non pas par droit, mais par reconnaissance. » Dit-il

Un être en devenir continue son existence

En bas, les tulipes, en dépit de tout, sont en évidence

Et le feu et la braise se reconnaissent
La rose et les fleurs en effervescence
Les rochers et les mers reprennent leur éternelle danse
Le liquide reflète l'essence de la vie dans un cours de croissance en vagues de ressemblance

Un loup et un coq chacun cris au ciel un vœu, une prière, une particulière remontrance?

Le vent emporte leurs paroles, les transpose en inéluctables variances

À la couleur de l'aube et du crépuscule, l'on se heurte à la même démangeaison
Les fibres du cœur humain en jalonnent de pareilles saisons

Qui en connait les motifs, en connait les raisons
Qui en devine la source, en revient à la réponse

Sous la courbe de l'horizon immense

SUR L'AUTEUR

Lamine Pearlheart est un lecteur avide et, dans la mesure où il se souvient, il a toujours eu une grande appréciation pour la littérature, l'histoire, la philosophie, la poésie et jouit de longues promenades comme forme de méditation.

L'un de ses principaux intérêts est la compréhension de l'expérience humaine dans ses aspects multidimensionnels, comme cela apparaît dans ses livres.

Il a aussi une passion pour les langues; il parle l'anglais, le français, l'allemand, l'espagnol et le portugais.

www.ingramcontent.com/pod-product-compliance
Lightning Source LLC
Chambersburg PA
CBHW032134040426
42449CB00005B/229